チェック表 — 読んだところにチェックをつけよう!

	項目	チェック 読んだら○をつけよう	感想を書いてね!
はじめに・家庭科	1. ぼく・わたしの食べ物プロフィール		
	2. 料理を始める前のお約束		
	3. 計量カップ・スプーンの使い方		
	4. 野菜の下ごしらえ		確認らん
	5. 野菜の切り方		
	6. ふりかえりクイズ		
社会科	7. お買い物に行こう!		
	8. 野菜カレンダー		
	9. しんせんな食べ物の見分け方		
	10. 食材の保存場所		確認らん
	11. お肉の料理ずかん		
	12. 加工食品を見てみよう!		
理科	13. ゼリーを作って食べ比べ		
	14. ゆで卵のすがた		
	15. 固まるふしぎ		
	16. 和風のだしをとってみよう!!		確認らん
	17. だしのまほう		
	18. 果物や野菜の変色を防ごう		
道徳	19. "ありがとう"を伝えよう〜大切な人へのおもてなしと食べ物への感謝〜		
	20. おいしく見せる工夫　その1		
	21. おいしく見せる工夫　その2		確認らん
	22. 食べるときのお約束		
	23. はしのマナー		
外国語活動	24. Let's express in English!		
	25. いろいろな国の料理		
	26. 世界と日本の食事マナー		
	27. 日本の行事食		確認らん
	28. 世界の行事食〜正月とクリスマス〜		
	29. 英語でクッキング		
保健・家庭科	30. バランスよく食べよう		
	31. バランス・パズル		
	32. ぼく・わたしの朝食チェック!		
	33. 朝食大変身!		確認らん
	34. すてきな朝食!!		
	35. バランス弁当を作ろう		

家庭科 / 社会科 / 理科 / 道徳 / 外国語活動 / 保健・家庭科

わくわくクッキングBOOK

JN118121

わくわくクッキング BOOK の使い方

①読んだら、1ページのチェック表にチェックをして、感想を書きましょう。

②わくわくクッキング BOOK には空らんや書きこめるところがたくさんあります。
　たくさん書きこんで、"自分だけのわくわくクッキング BOOK "にしましょう。

③料理をするときは、お家の人に相談しましょう。とくに、包丁や火を使うときは、
　お家の人といっしょにしましょう。

④レシピのページには、作った感想などを書きこむところがあります。
　料理を作ったら、記録しておきましょう。

わくわくクッキング BOOK を使うときの注意点

※食物アレルギーについて

①わくわくクッキング BOOK の実験やレシピでは、アレルギーの原因となりやすい
　卵、牛乳、小麦、大豆などの食品も使用しています。

②食物アレルギーのある人は、実験や料理をする前に必ずお家の人に相談しましょう。
　また、加工食品を使うときは、ふくろの食品表示をよく見て、アレルギーの原因と
　なる食品が入っていないか、確認しましょう。

【ぼく・わたしの目標】

**わくわくクッキング BOOK で学んだことをどのように
役立てたいとおもいますか？目標を書いてみましょう。**

1 ぼく・わたしの 食べ物プロフィール

◆好きな食べ物や料理は？

◆にがてな食べ物や料理は？

はじめまして！

わたしは、食べることが大好きな小学生です。

毎日、3食きちんと食べています。

この前、早起きして朝食のお手伝いをしたら、
家族に喜んでもらえてうれしかったよ！

もっとがんばって、おいしい朝食を作ってみたいけど、
料理が上手になるためにはどうしたらいいのかな？

2 料理を始める前のお約束

ケガややけどをしないように、次の約束を守ろう！

①清潔にしてから始めよう！

◎よごれた手で材料をさわったり、かみの毛が料理に入らないように、身じたくをしましょう。

・エプロンと三角巾、マスクをつけましょう。

・つめは短く切りましょう。

手洗いのポイント

・手のひら、手のこう、指の間、つめをしっかりと石けんで洗いましょう。

・手首まできちんと洗いましょう。

②キッチンに立つとき、気をつけよう！

◎背がとどかない場合は、ふみ台に乗って、ちょうどいい高さで料理をしましょう。

・ひじが「く」の字にまげられるくらいの高さがベストです。

・ふみ台は、風呂いすなどのグラグラしないものにしましょう。

・まな板の下にぬれたふきんなどをしくと、すべりにくくなります。

食中毒にならないために…

・生もの（肉・魚・貝・卵）やどろがついた野菜などをさわったら、すぐに石けんで手を洗いましょう。

・使ったまな板、包丁、ボウルなど、生ものにふれたものは全て、洗ざいでよく洗ってから使いましょう。

・野菜、果物は水でよく洗ってから使いましょう。

③ケガややけどをしないために注意しよう！

◎包丁を使うとき

・おさえる手は、丸めてねこの手にしましょう。
・包丁は、柄の部分をしっかりとにぎりましょう。

◎包丁を使わないとき

・包丁のお休み場所はココ
・だれもいない方に刃を向けて置きます。

◎あついなべにはさわらない

・アツアツのなべのふたを開けるときは、「なべつかみ」を使いましょう。

・もしやけどをしたら、すぐに水か氷で冷やしましょう。

④後かたづけをしよう！

◎料理をした後は、必ず後かたづけをしましょう。

・器具や食器はていねいに洗いましょう。
・包丁やピーラーなどの刃物を洗うときは気をつけましょう。

・使う前よりきれいになるように心がけましょう。

3 計量カップ・スプーンの使い方

おいしい料理を作るために、正しい使い方をマスターしよう！

《計量カップの使い方》

1カップ＝200mL（cc）（液体の場合）

目盛りを見るときは、平らなところに
置いてまっすぐに見る。

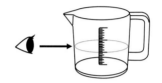

給食で出てくる牛乳1本は
1カップと同じ量だよ！

《計量スプーンの使い方》

小さじ1は、ペットボトル
のふたと同じ量だよ！

小さじ1＝5mL（cc）

大さじ1＝（①　　　　）mL（cc）＝小さじ（②　　　　）

●しょうゆ、みりんなどの液体

もり上がるまでいっぱい入れましょう。

●砂糖、塩などの粉末

山もりに入れたあと、へらやスプーンの持ち手などの
まっすぐなものを使って、すりきりましょう。

ドレッシングを作ろう！

計量スプーンを使って、ドレッシングを作ろう！　どちらの作り方でもOK！

[材料（2人分）]

◎和風ドレッシング

| す…………大さじ1
| サラダ油……小さじ4
| しょうゆ……小さじ2

◎フレンチドレッシング

| 塩…………小さじ1/4
| す…………小さじ2
| サラダ油……小さじ4
| こしょう……ひとふり

作り方①

材料をボウルに入れ、
あわ立て器で混ぜる。

作り方②

ドレッシングなどの空きビン
に材料を入れて、ふたを閉め、
ふり混ぜる。

サラダにかけて
食べてみよう！

5

4 野菜の下ごしらえ

≪洗い方≫

◆葉の野菜（ほうれん草、チンゲンサイ、水菜など）

①根元はどろがついているので、広げて洗いましょう。

②葉はたっぷりの水でジャブジャブ洗いましょう。

③ボウルの水を入れかえて、きれいになるまで洗いましょう。

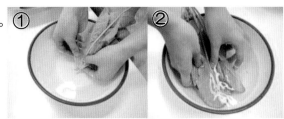

◆実の野菜（きゅうり）、根菜（ごぼう）、いも（じゃがいも）など

①皮にどろがついている野菜は、水の中でどろがとれるまでこすって何度か洗いましょう。

②あまりどろのついていない野菜も、水でよく洗いましょう。

> ごぼうは皮をむくかわりに、たわし（または丸めたアルミホイル）でこすって、水でよく洗いましょう。

◆きのこ

①下の石づきの部分はかたくてよごれているので、切り落としましょう。

②かおりがにげるので、手早く水洗いをしましょう。

≪ピーラーの使い方≫

①野菜をまな板の上に置いて、ピーラーを動かして皮をむきましょう。

②じゃがいもの芽をとるのにも使えます。

6

≪水にひたす野菜≫

◇サラダに使うキャベツの千切りは、水にひたすと歯ごたえがよくなります。

◇たまねぎやねぎは水にさらすと、からさがやわらぎます。

◇ごぼうやなすは切ったあと、すぐに水にひたして、色が変わるのを防ぎましょう。

◇いもやれんこんは、水にひたしてアクをとりましょう。

≪下ゆでの仕方≫

ふっとうした湯でゆでる　葉の野菜／実の野菜／花の野菜

水からゆでる　根菜／いも

| ふっとうした湯でゆでる |

◇ほうれん草、チンゲンサイなどの葉の野菜

①ふっとうした湯に根のほうから入れ、葉を入れてすばやくゆでましょう。

②冷たい水にさっとつけると、色がきれいに仕上がります。

③冷めたら、かるくしぼりましょう。

◇ブロッコリー、さやいんげんなどの花の野菜や実の野菜

①ふっとうした湯に入れて、2〜3分間ゆでましょう。ゆですぎに注意しましょう。

②ざるにとって、そのまま冷ませば水っぽくなりません。

| 水からゆでる |

◇にんじんなどの根菜や、いも

①なべに入れ、食材がかぶるくらいの水を入れて、ゆでましょう。

②竹ぐしなどをさして、かたさを確認しましょう。やわらかくなったら、ざるにあげましょう。

5 野菜の切り方

（　　　）にあてはまる言葉を下のわくの中から選ぼう！

| 小口（こぐち） | いちょう | 千 | みじん | 半月（はんげつ） |

◇（ **輪（わ）** ）切（ぎ）り

なすやにんじんなど、
切り口が丸いものを
はしから切りましょう。

◇（①　　　　　　）切り

ねぎなど、切り口が丸く
細長いものをはしから
切りましょう。

◇（②　　　　　　）切り

輪（わ）切（ぎ）りを2等分にした形だよ。
たて2つに切り、はしから切りましょう。

◇（③　　　　　　）切り

輪（わ）切（ぎ）りを4等分にした形だよ。
たて2つに切り、さらにたて2つに
切って、はしから切りましょう。

◇（④　　　　　　）切り

うす切りを、はしから
細くなるように
切りましょう。

◇（⑤　　　　　　）切り

細切りを、さらに直角に
細かく切りましょう。

〈たまねぎの場合〉

①たて半分に切り、根の
部分をのこして、たてに
細かく切り目を入れまし
ょう。

②包丁（ほうちょう）をねかせて、横から
細かく切り目を入れまし
ょう。

③根の部分をしっかり
おさえ、先から細かく
切っていきましょう。

たまねぎは冷蔵庫（れいぞう）で冷（ひ）やしてから
切ると目にしみにくいよ！

家庭科

わくわくクッキングBOOK

⑥ ふりかえりクイズ

料理をはじめる準備はできたかな？クイズでふりかえってみよう。

Q1. 包丁の正しい置き方はどれでしょう。

 ① 　　② 　　③ 　　　答え（　　　）

Q2. 計量スプーン1ぱい分は、どちらでしょう。

①山もりいっぱい　　　　②すりきりいっぱい　　**答え（　　　）**

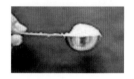　　　　　

Q3. 水からゆでる野菜は次のうち、どれでしょう。

①ほうれんそう　　　②たまねぎ　　③じゃがいも　　**答え（　　　）**

料理ってむずかしいと思っていたけれど、私にもできそう！
さっそく材料を買いに行かなくちゃ。
食べ物はどのように選ぶのかな？
お買い物に行って確かめてみよう♪

お買い物
行くよー
わたしも行くー

次のページから
「お買い物に行こう」
が始まるよ！

☆学びの目標☆
・食べ物のことをもっと
　よく知ろう。
・レシピ集の料理を作っ
　てみよう。

お買い物に行こう！

わくわく クッキングBOOK

7 お買い物に行こう！

お店に並んでいる野菜や果物はどこで作られているか知っているかな？
下の野菜や果物はどこで作られたものか調べてみよう！
あなたがお買い物に行った日付と、見つけた野菜・果物の産地を書こう。
絵に色をぬって完成させてね。

野菜

【例】 キャベツ 9／1

愛知 産

こまつな ／
＿＿＿＿＿＿＿産

しゅんぎく ／
＿＿＿＿＿＿＿産

たまねぎ ／
＿＿＿＿＿＿＿産

水なす ／
＿＿＿＿＿＿＿産

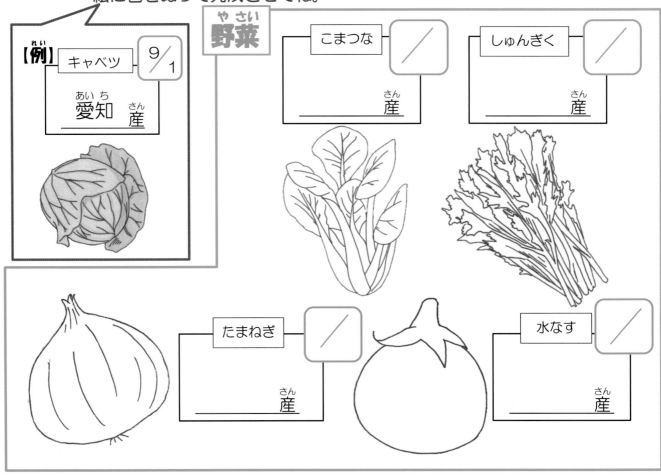

果物

ぶどう ／
＿＿＿＿＿＿＿産

バナナ ／
＿＿＿＿＿＿＿産

いちじく ／
＿＿＿＿＿＿＿産

もも ／
＿＿＿＿＿＿＿産

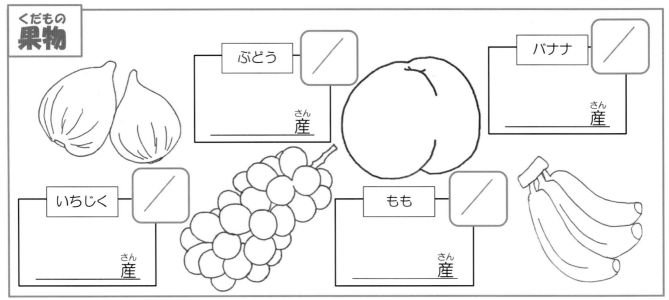

社会科

わくわく クッキングBOOK

野菜が、いつ、どのように育って、しゅうかくされるのか、カレンダーで見てみよう！

4月 5月 6月 7月 8月 9月 10月 11月 12月 1月 2月 3月

植物のどの部分を食べているのかな？

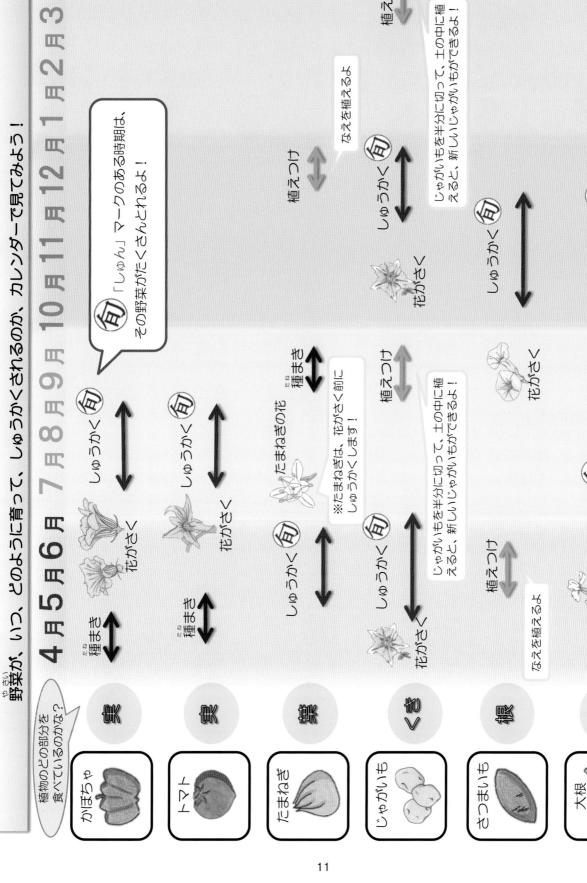

旬 「しゅん」マークのある時期は、その野菜がたくさんとれるよ！

なえを植えるよ

じゃがいもを半分に切って、土の中に植えると、新しいじゃがいもができるよ！

植えつけ

種まき

しゅうかく

花がさく

たまねぎの花

種まき

※たまねぎは、花がさく前にしゅうかくします！

じゃがいもを半分に切って、土の中に植えると、新しいじゃがいもができるよ！

なえを植えるよ

実 かぼちゃ

実 トマト

葉 たまねぎ

き じゃがいも

根 さつまいも

根 大根

社会科

わくわく クッキングBOOK

11

9 しんせんな食べ物の見分け方

しんせんな食べ物は栄養がたっぷり！
見分け方を覚えて、新しい物を選ぶようにしよう。

野菜

ほうれん草　ブロッコリー
なす　にんじん　たまねぎ

選び方のポイント
・みずみずしい　・きずがない
・つやがある　・重みがある

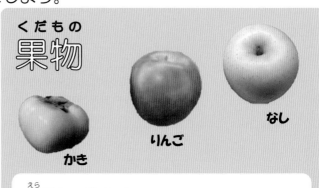

果物

かき　りんご　なし

選び方のポイント
・色があざやか　・きずがない
・熟している

魚

あじ
さけ　ぶり

選び方のポイント
・つやがある
・身がしまっている
・汁がたまっていない

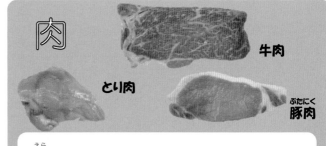

肉

牛肉
とり肉　豚肉

選び方のポイント
・身が赤い　・しぼうが白い
・つやがある　・汁がにじんでいない

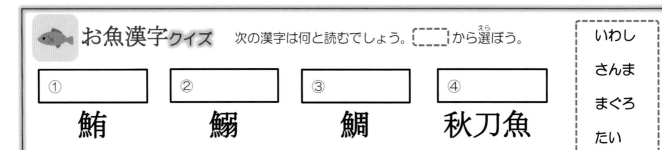

お魚漢字クイズ　次の漢字は何と読むでしょう。［　　　］から選ぼう。

① 鮪　② 鰯　③ 鯛　④ 秋刀魚

いわし
さんま
まぐろ
たい

調べてみよう！　魚にふくまれるあぶら（DHA や EPA など）について調べてみよう。

社会科

わくわく クッキングBOOK

10 食材の保存場所

食材には冷蔵庫に入れて保存したほうがよいものと、入れなくてもよいものがあるよ。正しく保存して、おいしく食べよう。

冷蔵室
3〜5℃くらい

卵 ケース

チルドケース
0℃くらい

ドアポケット
3〜7℃くらい

野菜室
5〜7℃くらい

冷とう室
−18℃くらい

常温保存
冷蔵庫で保存しなくてもよい食べ物

野菜
かぼちゃ　たまねぎ　ごぼう
じゃがいも　さつまいも
さといも　やまのいも　など

果物
バナナ　みかん　りんご
かき　マンゴー　アボカド　など

※ただし、夏はくさりやすくなるので、冷蔵庫で保存しましょう。

次の食材の保存場所はどこかな？上から選んで（　　）に答えを書こう！

【例】トマト→（　　　　　野菜室　　　　　）

① 魚　　→（　　　　　　　　　　　　　）

② とうふ→（　　　　　　　　　　　　　）

③ 卵　　→（　　　　　　　　　　　　　）

④ バナナ→（　　　　　　　　　　　　　）

11 お肉の料理ずかん

お肉にはさまざまな部位があり、部位によって適している料理はちがうよ。
（　　）にあてはまる料理名を下のわくの中から選んで書こう！

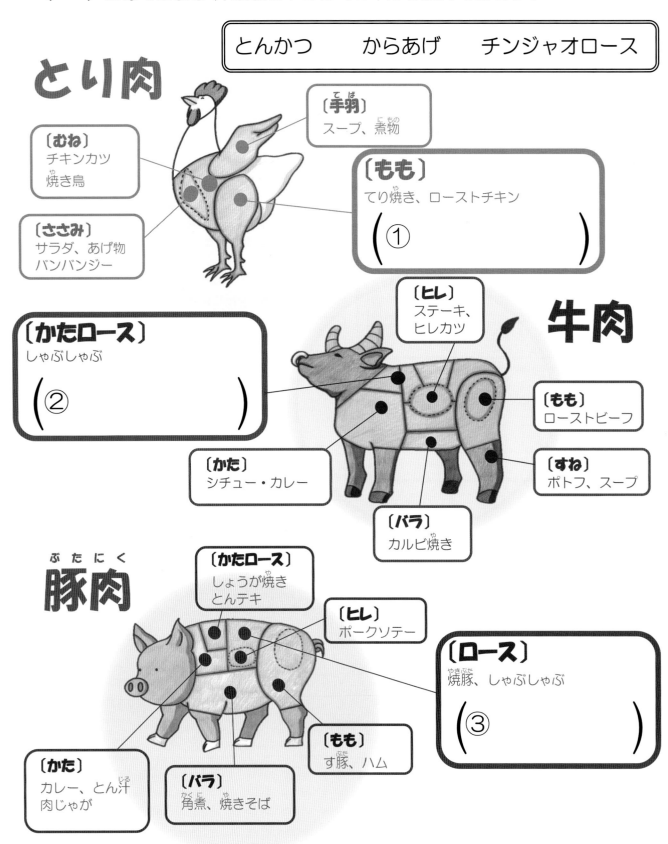

とんかつ　　からあげ　　チンジャオロース

とり肉

〔むね〕
チキンカツ
焼き鳥

〔ささみ〕
サラダ、あげ物
バンバンジー

〔手羽〕
スープ、煮物

〔もも〕
てり焼き、ローストチキン
（①　　　　　　　　　）

牛肉

〔ヒレ〕
ステーキ、
ヒレカツ

〔かたロース〕
しゃぶしゃぶ
（②　　　　　　　　　）

〔かた〕
シチュー・カレー

〔もも〕
ローストビーフ

〔すね〕
ポトフ、スープ

〔バラ〕
カルビ焼き

豚肉

〔かたロース〕
しょうが焼き
とんテキ

〔ヒレ〕
ポークソテー

〔ロース〕
焼豚、しゃぶしゃぶ
（③　　　　　　　　　）

〔かた〕
カレー、とん汁
肉じゃが

〔バラ〕
角煮、焼きそば

〔もも〕
す豚、ハム

社会科

わくわく クッキングBOOK

12 加工食品を見てみよう！

加工食品は、食品を長持ちさせたり、食べやすくしたりするために加工したものだよ！

◆加工食品のパッケージを見てみよう！

原材料名…食品に入っている材料の名前。量の多い順に書かれています。

消費期限…安全に食べられる期限のこと。くさりやすい食べ物につけられます。

賞味期限…おいしく食べられる期限のこと。くさりにくい食べ物につけられます。

保存方法…書かれている方法で保存して、一度開けたら冷蔵庫に入れましょう。開けたら早めに食べましょう。

品名	マヨネーズ
原材料名	食用植物油脂、卵黄、醸造酢、食塩、調味料、香辛料
内容量	400g
賞味期限	欄外下部に記載
保存方法	直射日光を避け、なるべく涼しい場所に保存してください。

やってみよう！

家にあるしょうゆやヨーグルトを見て書いてみよう！

品名	（ 　　　　　　　　　　　　　 ）
原材料名	
内容量	
賞味期限	年　　　　月　　　　日
保存方法	

クイズ！ 次の加工食品の材料は何かな？ □ から選ぼう。

みそ　　　しょうゆ　　　ヨーグルト　　　マヨネーズ　　　とうふ　　　チーズ

（①　　　）（②　　　）（③　　　）（④　　　）（⑤　　　）（⑥　　　）

ア．大豆　　　　イ．卵　　　　ウ．牛乳

調べてみよう！ みそは日本人の食事にかかせない調味料のひとつです。
みそについて、調べてみよう。（みその作り方、みその種類、みそを使った料理など）

社会科

わくわく クッキングBOOK

お買い物に行こう
ー社会科ー
レシピ集

お買い物で買ったしんせん
な食べ物をつかって、料理を
してみよう♪

朝食にぴったりな料理には、このマークが
ついています。朝食に作ってみよう!

料理を始める前に、4ページ
の「料理を始める前のお約束」
を読もう!

フレッシュサラダ

作り方

1 レタスは洗って、水気をふき、
手で食べやすい大きさに切る。

2 トマトはくし形に切る。

3 きゅうりはななめに切る。

4 ハムは半分に切って、丸める。
お皿に盛りつけ、ドレッシングを
かける。

材料(2人分)

		ドレッシング
レタス	2枚	
トマト	1/2個	5ページに
きゅうり	1/2本	作り方が書いてあるよ!
ハム	2枚	

作った日 　　月　　日　　　　*がんばり度（色をぬろう）*
☆ ☆ ☆

作った感想

いっしょに食べた人の感想

まるごとたまねぎ

作り方

1 たまねぎは8等分に切りこみを入れる。このとき下1cmは切りこみを入れないようにする。

2 ラップをして、電子レンジで6分間加熱する。

3 電子レンジから取り出し、たまねぎを花形に開く。熱いので、気をつけよう。

4 ポンず、かつおぶしをかける。

朝ごはん！

材料（1人分）

たまねぎ	1個
ポンず	大さじ1
かつおぶし	ひとつまみ

＊作った日＊　　月　　日
＊作った感想＊

＊がんばり度（色をぬろう）＊
☆☆☆

＊いっしょに食べた人の感想＊

作り方

1 にんじんは細切り、キャベツはひと口大に切る。
もやしはしっかり洗う。
豚バラ肉をひと口大に切る。

2 フライパンに油を入れて温め、豚バラ肉をいため、色が変わったら、野菜を入れる。

3 野菜がしんなりしたら、中華めんを入れ、水を加えてほぐす。

4 ソースを入れていためる。
お皿に盛りつける。

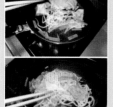

焼きそば

＊作った日＊　　月　　日
＊作った感想＊

＊がんばり度（色をぬろう）＊
☆☆☆

＊いっしょに食べた人の感想＊

材料（1人分）

にんじん	1/5本	油	大さじ1/2
キャベツ	1枚	中華めん	1玉
もやし	1/5ふくろ	水	大さじ1
豚バラ肉	2枚	ソース	大さじ3

ちゃんちゃん焼き

作り方

1 たまねぎはうす切りにし、しめじは石づきを取り、ほぐす。

2 大きめに切ったアルミホイルの上にバターをぬり、たまねぎをしく。

3 その上にさけをのせる。●を混ぜ合わせて、さけにぬり、しめじをのせる。

4 アルミホイルをしっかりととじて、トースターで15〜20分焼く。

材料（1人分）

たまねぎ	1/4個		みそ	小さじ1
しめじ	1/4パック	●	みりん	小さじ1
バター	小さじ1/2		酒	小さじ1/2
さけ	1切れ			

作った日　　　月　　日　　　　　*がんばり度（色をぬろう）*

作った感想　　　　　　　　　　☆☆☆

いっしょに食べた人の感想

作り方

1 ◎の材料を混ぜ合わせ、たれをつくる。たれを豚肉にからませておく。

2 フライパンに油を入れて温め、1の豚肉を広げて入れ、中火で両面を焼く。

3 最後に残りのたれを豚肉にからませて焼き、火を止める。

豚肉のしょうが焼き

作った日　　　月　　日　　　*がんばり度（色をぬろう）*

作った感想　　　　　　　　☆☆☆

いっしょに食べた人の感想

材料（1人分）

しょうが焼き用 豚ロース肉	2枚		酒	大さじ1
油	小さじ1/4	◎	しょうゆ	小さじ2
			おろししょうが	小さじ1

料理をしていると、食べ物が固まったり、やわらかくなったりするけれど、どうしてなのかな？
台所で実験してみよう！

次のページから「食べ物サイエンス」が始まるよ！

☆学びの目標☆

・実験をして、食べ物のふしぎを知ろう。

・実験で作ったものを使って、料理を作ってみよう。

ゼリーを作って食べ比べ

社会科

わくわく クッキングBOOK

13 ゼリーを作って食べ比べ

ゼリーの材料のゼラチンと寒天はちがうところがたくさんあるよ。
実際に作って、ちがいを見つけてみよう！

ゼラチンゼリー

◆ 材料 ◆

粉ゼラチン	5g
砂糖	大さじ1
水	50mL
ジュース	200mL

ジュースのあまさによって、砂糖の量を増やしたり減らしたりしてね。

◆作り方◆

※作り始める前に、冷蔵庫から
　ジュースを出して室温にもどしておく。

① 大きめのたい熱ボウルに粉ゼラチンと砂糖を入れてよく混ぜる。
② ①に水を入れ、軽く混ぜてから電子レンジで30秒加熱する。
③ ゼラチンがとけたら、ジュースを入れて、混ぜる。
④ 容器にうつして、冷蔵庫で冷やす。

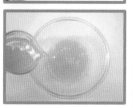

寒天ゼリー

寒天は、天草という海そうからできています。

◆材料◆

粉寒天	1.5g(小さじ 1/2)
砂糖	大さじ1
水	50mL
ジュース	200mL

ジュースのあまさによって、砂糖の量を増やしたり減らしたりしてね。

★ポイント★
ふっとうさせて寒天を完全にとかさないと、固まらないよ。

◆作り方◆

※作り始める前に、冷蔵庫から
　ジュースを出して室温にもどしておく。

① 小さい容器に水と粉寒天を入れて混ぜ、5分間おいておく。
② なべに①とジュース、砂糖を入れて混ぜながら加熱し、ふっとうしたら火を止める。
③ 容器にうつして、冷蔵庫で冷やす。

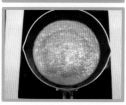

実験！ ゼラチンと寒天のちがいを観察してみよう！

下の問題は、ゼラチンと寒天のどちらに当てはまるかな？
（　　）に答えを書こう！

作って観察すると楽しいね♪

Q1. 固まる時間が早いのはどちらかな？　①ゼラチン　②寒天　　答え（　　　　）

Q2. 口どけがよいゼリーはどちらかな？　①ゼラチン　②寒天　　答え（　　　　）

理科

わくわく クッキングBOOK

14 ゆで卵のすがた

◆ゆで卵の作り方◆ ※卵は洗ってからゆでてね！

①なべに卵を入れ、卵がか
ぶるくらいの水を入れる。
②強火で温める。
③ふっとうしたら、ふっとう
が続くくらいに火を弱め、
10分間ゆでる。

④10分経ったら、おたまで
卵をなべから出す。
⑤水の入ったボウルの中に、
卵をいれて、冷やす。
⑥卵が冷めたら、からをむく。

⑦半分に切り、黄身の
様子を観察しよう。
⑧塩やマヨネーズで、
おいしく食べよう。

⚠ 危険 ⚠
卵は、電子レンジで温めてはいけません！
卵がばく発して、けがをします！

実験！ ゆでる時間を変えて、卵の様子を観察しよう！

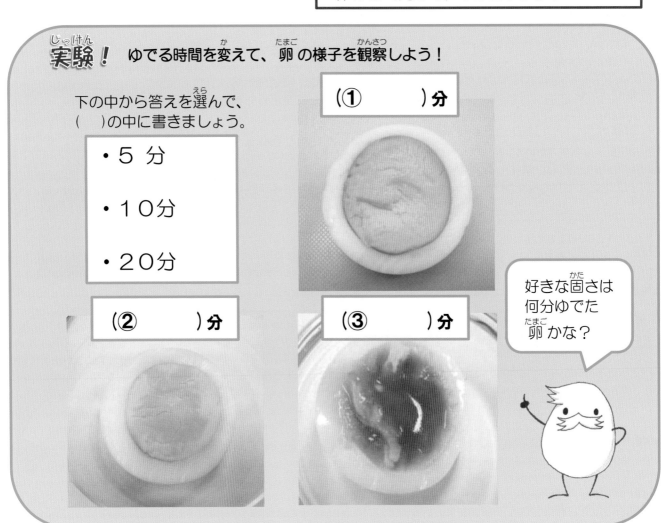

下の中から答えを選んで、
（　）の中に書きましょう。

・5 分
・10分
・20分

（①　　　）分

（②　　　）分

（③　　　）分

好きな固さは
何分ゆでた
卵かな？

15 固まるふしぎ

チーズはどうやってできるのかな？
フレッシュチーズ作りにチャレンジして、固まるふしぎを体験しよう。

牛乳から
作ってみよう！

◆材料◆

- 牛乳　　250mL
- す　　　25mL

◆道具◆

- なべ
- へら
- 布またはキッチンペーパー

◆フレッシュチーズの作り方◆

① 牛乳をなべに入れて、弱火にかける。
　 へらで混ぜながら、ゆっくり加熱する。

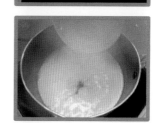

② 表面にまくができてきたら、すを加え、軽くかき混ぜる。

③ しばらくすると、白い固まりと液体に分かれてくる。

④ なべを火からおろし、③を清潔な布やキッチンペーパーでこす。

⑤ ④が冷めたら、布やキッチンペーパーをしぼって水分をぬく。

😊28ページにフレッシュチーズを使ったレシピがのっているよ！

どうしてフレッシュチーズができるの❓

牛乳の中のたんぱく質が す などのすっぱい液によって固まるからだよ。
す の他にもレモン汁でもできるよ。

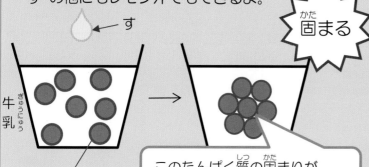

→ す

牛乳

たんぱく質

固まる

このたんぱく質の固まりが
フレッシュチーズになるよ！

フレッシュチーズとは、熟成させ
ないチーズのこと。
みんなの知っているかたいチーズ
は熟成させたチーズだよ。

理科

わくわく クッキングBOOK

だしを使うと、みそ汁や煮物などの料理がおいしくなるよ。

理科

かつおとこんぶの合わせだし

みそ汁、吸い物、和え物、煮物におすすめ！

材料（5人分）

かつおぶし	10g
こんぶ	10cm角1枚
水	1000mL

作り方（一番だし）

①なべに水とこんぶを入れ、30分以上つけておく。

②なべを火にかけ、なべの中にプツプツとあわが増えてきたらこんぶを取り出す。

③ふっとうしたら、かつおぶしを入れ、すぐに火を消す。

④ボウルにざるをおいてこす。

ざるの上にキッチンペーパーをしいてこすと、きれいにこせるよ。

煮干しだし

みそ汁、煮物におすすめ！
家庭科の教科書にのっています。

材料（5人分）

煮干し	25g
水	1000mL

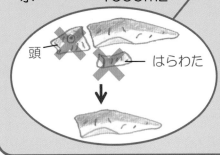

頭　　はらわた

作り方

①煮干しの頭とはらわたを手でちぎる。

②なべに水と煮干しを入れ、30分以上つけておく。

③なべを火にかける。

④ふっとうしたら、中火にして5分間煮る。

⑤煮干しを取り出す。

ざるの上にキッチンペーパーをしいてこすと、きれいにこせるよ。

調べてみよう！　しいたけだしについて調べてみよう。

他にも、しいたけだしなどがあるよ！

わくわく クッキングBOOK

17 だしのまほう

「だしを使ったみそ汁」と「だしを使わないみそ汁」の味比べをしてみよう。

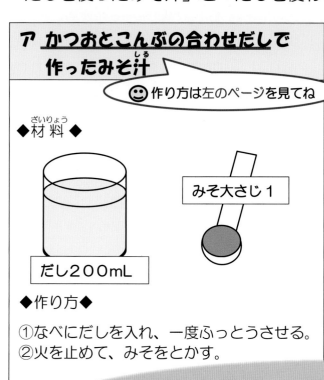

ア かつおとこんぶの合わせだしで 作ったみそ汁

☺ 作り方は左のページを見てね

◆材料◆

だし200mL　　みそ大さじ1

◆作り方◆

①なべにだしを入れ、一度ふっとうさせる。
②火を止めて、みそをとかす。

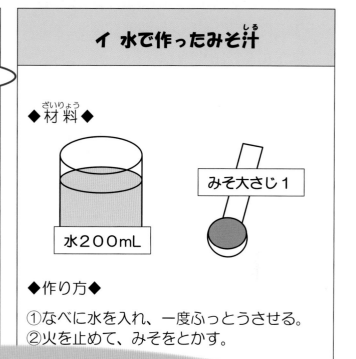

イ 水で作ったみそ汁

◆材料◆

水200mL　　みそ大さじ1

◆作り方◆

①なべに水を入れ、一度ふっとうさせる。
②火を止めて、みそをとかす。

アとイのみそ汁を飲み比べよう！どんなちがいがあったでしょうか？感想を書きましょう。

 発展

アとイの他に、煮干しだしでもみそ汁を作って飲み比べてみよう！

☺ 作り方は左のページを見てね

合わせだしのひみつ

「こんぶだし」と「かつおだし」を
合わせた「合わせだし」は、「こんぶだ
し」や「かつおだし」だけのだしよりも、
うま味が増えるよ！

▲ こんぶのうま味

● かつおぶしのうま味

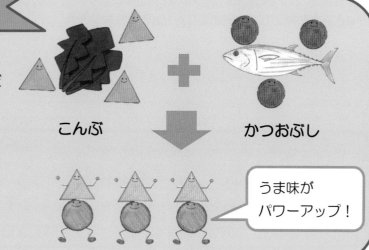

こんぶ　　　　かつおぶし

うま味が
パワーアップ！

理科

わくわく クッキングBOOK

18 果物や野菜の変色を防ごう

りんごを切って、そのまましばらく置いておくと、茶色に変化してしまうのはどうしてでしょうか？それは、食べ物にふくまれるポリフェノールという成分が酸素と反応することで、色が変わってしまうからです。

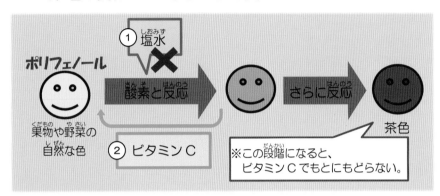

食べ物を塩水につけることで、酸素による色の変化を防ぐことができる（左図 ①）。

ビタミン C はポリフェノールが茶色くなるのを防ぐ（左図 ②）。

理科

やってみよう りんごに塩水、バナナにレモン汁を使って色の変化を防いでみよう！

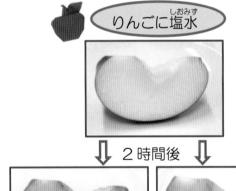
りんごに塩水

バナナにレモン汁

2 時間後

2 時間後

そのままのりんご

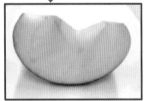
塩水につけたりんご

そのままのバナナ

レモン汁をかけたバナナ

◆どんなちがいが見られたでしょうか？感想を書きましょう。

れんこんやごぼうも、色が変わりやすい食べ物です。これらは、す水にひたしても変色を防ぐことができます。ためしてみましょう！
・す水の配合：水 200mL（1 カップ）に対して、す 5mL
・塩水の配合：水 200mL（1 カップ）に対して、塩 1g

わくわく クッキングBOOK

食べ物サイエンス
—理科—

レシピ集

実験で作ったものを使って
料理を作ってみよう♪

みそ汁
25 ページ

りんご
アイス
27 ページ

仲良し親子の
ゆで卵
27 ページ

フルーツ
サラダ
28 ページ

料理を始める前に、4ページ
の「料理を始める前のお約束」
を読もう！

朝ごはん！

朝食にぴったりな料理には、このマークが
ついています。朝食に作ってみよう！

理科

みそ汁

朝ごはん！

作り方

1 とうふは食べやすい大きさに
切る。

2 なべに、だしとかんそうわか
めと切ったとうふを入れて、
ふっとうさせる。

3 ふっとうしたら、火を消して、
みそをとかす。

材料（2人分）

作り方は
22 ページに
書いてあるよ！

とうふ	1/4 丁
だし	350mL
かんそうわかめ	ふたつまみ
みそ	大さじ1

＊作った日＊　　　月　　　日
＊作った感想＊

＊がんばり度（色をぬろう）＊
☆ ☆ ☆

＊いっしょに食べた人の感想＊

わくわく クッキングBOOK

やってみよう

いろいろな食材を組み合わせて、
自分だけのみそ汁を作ってみよう！

じゃがいも

大根

長ねぎ

にんじん

たまねぎ

油あげ

なす

さつまいも

☺名前が赤色の根菜やいもなどは、下ゆでしておこう。下ゆでの方法は7ページを見てみよう！　など…

自分で作ったみそ汁のレシピを書こう！

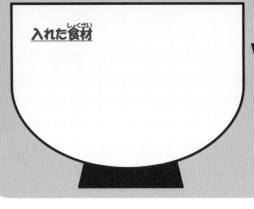

入れた食材

作った日 　　月　　日　　　　*がんばり度（色をぬろう）*
作った感想

☆☆☆

いっしょに食べた人の感想

入れた食材

作った日 　　月　　日　　　　*がんばり度（色をぬろう）*
作った感想

☆☆☆

いっしょに食べた人の感想

仲良し親子のゆで卵

仲良し親子のゆで卵

朝ごはん！

作り方

1 カレー粉を水でよくとかす。

2 なべに**1**とむいたゆで卵を いれ、弱火で加熱する。

3 色がつくまで約1分間、コロ コロ転がす。

4 黒ごまで目をつけて、にんじ んで口ばしを作ると、かわい いひよこになるよ♪

白いゆで卵で、 にわとりも作ってみよう！

材料(1個分)

カレー粉	小さじ1/2	〈かざりつけ用〉
水	大さじ2	黒ごま
ゆで卵	1個	にんじん（ゆでたもの）

☺ 作り方は20ページに書いてあるよ！

＊作った日＊　　　月　　　日　　　　＊がんばり度（色をぬろう）＊
＊作った感想＊　　　　　　　　　　　☆☆☆

＊いっしょに食べた人の感想＊

作り方

1 りんごをよく洗ってから、サイ コロの大きさに切る。 ※皮はむかなくてもいいよ。

2 たい熱容器にりんご・砂糖・レ モン汁を入れて混ぜ、ラップを かけてレンジで加熱する。 （500Wで約3分）

3 ラップをはがし、冷めてからチ ャック付きポリぶくろに入れ て、冷とう室で2時間以上こお らせる。

りんごアイス

＊作った日＊　　　月　　　日　　　＊がんばり度（色をぬろう）＊
＊作った感想＊　　　　　　　　　　☆☆☆

＊いっしょに食べた人の感想＊

材料(1人分)

りんご	中1/4個
砂糖	小さじ1
レモン汁	小さじ1

フルーツサラダ

朝ごはん！

作り方

1　キウイフルーツは皮をむき、ひと口大に切る。

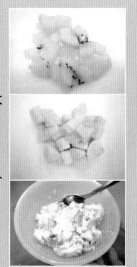

2　バナナは皮をむき、ひと口大に切る。
　※レモン汁をかけておくと、茶色くなりにくいよ（P24）。

3　フレッシュチーズに、はちみつ、切ったキウイフルーツ、バナナを加えて、和える。
　お皿に盛りつける。

材料（2人分）

キウイフルーツ	1/2個	フレッシュチーズ	牛乳	250mL
			す	25mL
バナナ	1/2本	はちみつ	小さじ2	

※他の果物でもおいしくできるよ！

☺ フレッシュチーズ の作り方は 21 ページに書いてあるよ！

＊作った日＊　　　　月　　　日　　　　＊がんばり度（色をぬろう）＊

＊作った感想＊

☆☆☆

＊いっしょに食べた人の感想＊

理科

実験をしたら、食べ物のふしぎが分かっておもしろいね！
実験でできた食べ物を使った料理もおいしく作れたよ。
もっと他の料理も作ってみたいなぁ！

あ、いいことを思いついた！
いつもご飯を作ってくれる家族に料理を作って、
おもてなしをしてみよう！喜んでくれるかなぁ。

次のページから
「大切な人におもてなし」
が始まるよ！

☆**学びの目標**☆

・おいしく見せる工夫を学ぼう。

・食事のマナーを学ぼう。

・感謝の気持ちをこめて料理しよう。

"ありがとう" を伝えよう
～大切な人へのおもてなしと
食べ物への感謝～

わくわく クッキングBOOK

19 "ありがとう"を伝えよう
～大切な人へのおもてなしと食べ物への感謝～

大切な家族や友達に、感謝の気持ちをこめて料理をしてみよう！

やってみよう！おもてなし

● だれを招待しますか？
（　　　　　　　　　　　　　　　）

● いつ、どこでしますか？
（　　　　　　　　　　　　　　　）

● 招待する人に伝えたい感謝の気持ちを
書いてみよう！

[　　　　　　　　　　　　　　　]

この本の中から、食べてもらいたい料理を選ぼう！
いくつ選んでもいいよ。

作る料理の絵をかこう！

道徳

料理を選ぶときのポイント！

五色

赤・オレンジ（えび・にんじん）
あざやかになり、食欲が増す

白（大根・たまねぎ・とうふ）
清潔感をあたえる

黄（かぼちゃ・卵・とうもろこし）
温かさを感じ、食欲が増す

黒（黒ごま・のり・しいたけ）
全体を引きしめる効果がある

緑（ほうれん草・わかめ・レタス）
さわやかに感じさせる

料理の色を工夫するとさらにおいしそうに見えて、食べる人に喜んでもらうことができるよ。五色を意識して、料理や食材を選んでみよう。

どちらのポテトサラダがおいしそうに見えるかな

白1色だけのポテトサラダ（左）よりも、赤、黄、緑の食材を加えた方（右）が、おいしそうに見えますね。

料理のあとで、気づいた"ありがとう"を書き出してみよう！

料理をすることでいろいろな"ありがとう"に気づくかも？

・食べ物にふれることで、自然の恵みに"ありがとう"　・食べ物にかかわった人々の苦労に"ありがとう"

いろいろな"ありがとう"に気づいたらやさしい気持ちになりますね。

20 おいしく見せる 工夫 その1

料理の盛りつけ方や食材の切り方を工夫すると、さらにおいしそうに見えて、食べる人に喜んでもらうことができるよ。

◇ 盛りつけ方を変えてみよう！

😊 37ページに レシピが のってるよ！

😊 38ページに レシピが のってるよ！

ごはんの形を整えるときれいだよ。
パセリをふるときれいに見えるよ。

平らに盛るとあまりきれいに見えないね。
真ん中を高くして盛ると、きれいに見えるよ。

😊 36ページに レシピが のってるよ！

😊 38ページに レシピが のってるよ！

お皿にのせるだけではさびしいね。
お皿にデコレーションをすると、はなやかに見えるよ。

積木みたいにただ積むだけではおいしそうに
見えないね。少し工夫してみよう！

◇ 切り方を変えてみよう！

切り方を変えるだけで、きれいに見えるよ。次ページのかざり切りにチャレンジしてみよう！

道徳

わくわく クッキングBOOK

ウインナーのかざり切り

かにさん

パスタは時間が経つと、やわらかくなります。すぐに食べるときは、固いので気をつけよう！

① ウインナーをたて半分に切る。

② 写真のように切りこみを入れる。

③ 焼く。

④ パスタをさしこみ、マヨネーズで黒ごまをつける。

発展！ いろんな食べ物をかざり切りしてみよう！

お花

ハム

① ハムを半分に折り、切り目をいれる。

② さらに半分に折る。

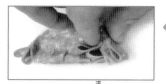

③ はしから巻いていく。

④ はしをパスタでとめる。

うさぎさん

かまぼこ

① かまぼこを写真のように 1.5cm に切る。

② さかさにしてピンクの部分の半分まで、包丁を入れる。

③ 包丁を入れた部分をたて半分に切る。

④ 半分に切った部分を内側に丸めこむ。

⑤ 黒ごま、ケチャップで目とほっぺをつける。

料理を工夫するだけでなく、ランチョンマットやはしおきを置いて
テーブルセッティングをしてみよう。

ランチョンマットを作ってみよう!!

用意するもの
- 画用紙（八つ切り）
- ペン
- 折り紙
- はさみ
- のり

画用紙に絵をかいたり、折り紙をはったりしてみよう！

桃の節句

端午の節句

お月見

季節に合ったランチョンマットを作るのもいいね！

😊 行事食の 46、47 ページを見てね！

ランチョンマットのかざりを作ってみよう!!

用意するもの：折り紙（15㎝×15㎝）、はさみ

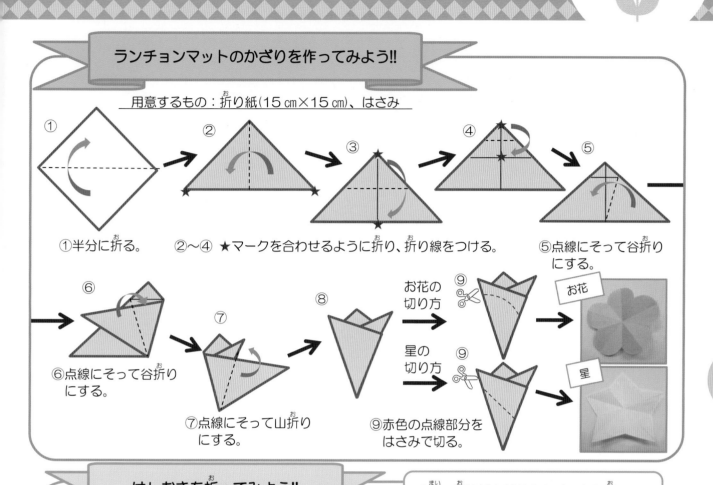

① ①半分に折る。

②〜④ ★マークを合わせるように折り、折り線をつける。

⑤点線にそって谷折りにする。

⑥点線にそって谷折りにする。

⑦点線にそって山折りにする。

お花の切り方

星の切り方

⑨赤色の点線部分をはさみで切る。

お花

星

道徳

はしおきを折ってみよう!!

2枚の折り紙をはりあわせてから折ろう。
両面に色が出てきれいになるよ。

用意するもの：折り紙（7.5㎝×7.5㎝）2枚、のり、はさみ

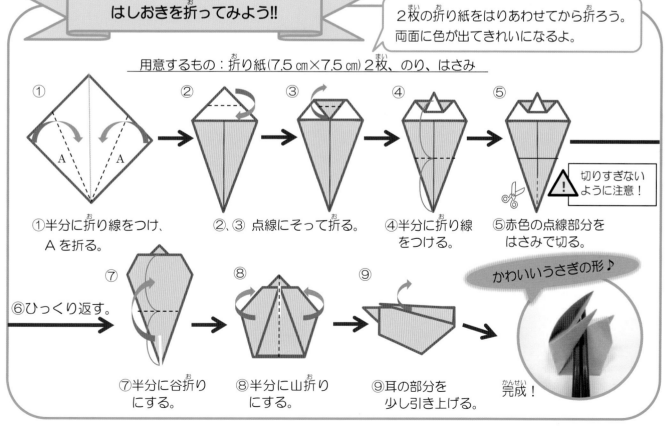

① ①半分に折り線をつけ、Aを折る。

②、③ 点線にそって折る。

④半分に折り線をつける。

⑤赤色の点線部分をはさみで切る。

切りすぎないように注意！

⑥ひっくり返す。

⑦半分に谷折りにする。

⑧半分に山折りにする。

⑨耳の部分を少し引き上げる。

かわいいうさぎの形♪

完成！

22 食べるときの お約束(やくそく)

感謝(かんしゃ)の気持ちを持って、礼ぎ正しく食べられるように、次のことを約束(やくそく)してね。

◆ 感謝(かんしゃ)して食べましょう！

食べる前に、手を合わせて「いただきます」を言いましょう。

いただきます！

食べ物の命に感謝(かんしゃ)して食べよう！

食べ物を準備(じゅんび)してくれた全ての人に感謝(かんしゃ)して食べよう！

◆ 礼ぎ正しく食べましょう！

こんな食べ方はやめましょう。

茶わんを持たずに食べる

ひじをついて食べる

音を立てて食べる

◆ 姿勢(しせい)よく食べましょう！

足をゆかにピタッとつけて、背すじをまっすぐにのばして食べよう。

姿勢(しせい)よく食べると、こんなよいことがあります。

○ 食べ物をしっかりかむことができる。

○ 飲みこんだ食べ物がスムーズに胃(い)にとどき、しっかり消化される。

これから食事の時に、がんばりたいことを書きましょう！

道徳

わくわく クッキングBOOK

23 はしのマナー

はしの正しい持ち方を覚えて気持ちよく食事をしよう！

◎はしを正しく持とう！

親指と中指、人さし指で
上のはしをおさえる。

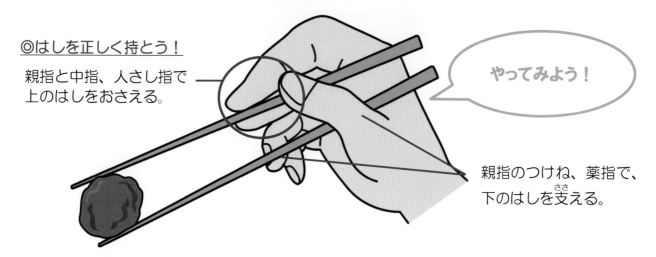

やってみよう！

親指のつけね、薬指で、
下のはしを支える。

◎こんなはしの使い方はやめよう！

下の絵は、悪いはしの使い方です。それぞれ呼び名がついています。

　　の中から言葉を選んで、当てはまる呼び名を　　　　の中に書きましょう。

はしわたし	ほとけばし（たてばし）	まよいばし
ねぶりばし	さしばし	よせばし

①

はしからはしへ食べ物をわたす

②

はしで、食べ物をつきさす

③

器をはしでよせる

④

はしをあちこちに動かす

⑤

はしの先をなめる

⑥

ご飯にはしをつきさす

道徳

わくわく クッキングBOOK

35

野菜
パンケーキ
36 ページ

10分で
トマトカレー
37 ページ

キャロット
ライス
37 ページ

大切な人におもてなし

レシピ集　―道徳―

楽しく作って
喜んでもらおう♪

なすの田楽
38 ページ

白玉だんご
40 ページ

ロールサンド
39 ページ

ほうれん草の
おひたし
38 ページ

りんごジャム
39 ページ

朝ごはん！
朝食にぴったりな料理には、このマークが
ついています。朝食に作ってみよう！

料理を始める前に、4ページの
「料理を始める前のお約束」を
読もう！

野菜パンケーキ

朝ごはん！

作り方

1 ピーマン、ベーコンを 5mm 角に切る。

2 ボウルに卵を割り、あわ立て器で混ぜる。そこに牛乳、ホットケーキミックスを入れて混ぜる。

3 しっかりと混ざったら、切ったピーマンとベーコンを入れて混ぜる。

4 油をひいたホットプレート（170℃）で、両面を焼く。

材料（5枚分）

ピーマン	1個	油	小さじ1
ベーコン	1枚	ケチャップ	少々
卵	1個		
牛乳	150mL		
ホットケーキミックス	200g		

ケチャップで顔をかくと、かわいくなるよ！

作った日　　　月　　日
作った感想

がんばり度（色をぬろう）
☆☆☆

いっしょに食べた人の感想

道徳

わくわく クッキングBOOK

36

キャロットライス

作り方

1 米を洗う。

2 にんじんの皮をむき、すりおろす。

3 すい飯器に、洗った米、すりおろしたにんじんを入れる。水を1合の目盛りまで入れる。

4 細かくしたコンソメキューブを入れ、軽く混ぜ合わせる。バターを入れ、すい飯器でたく。

5 たきあがったら、しゃもじでよく混ぜる。

朝ごはん!

材料(2人分)

米	1合	コンソメ キューブ	1/2個
にんじん	1/4本	バター	大さじ 1/2

＊作った日＊ 　　月　　日　　　＊がんばり度（色をぬろう）＊

＊作った感想＊ ☆ ☆ ☆

＊いっしょに食べた人の感想＊

作り方

1 トマトは8等分に切る。

2 たまねぎはみじん切りにする。

たまねぎのみじん切りは、8ページを見てね。

3 深めのお皿に切ったトマトとたまねぎ、カレールウを入れ、ラップをかけ、電子レンジで5分加熱する。

4 レンジからお皿を取り出す。トマトをフォークでつぶしながら、カレールウがとけるまで混ぜる（お皿が熱いので注意しよう）。

5 もう一度レンジで30秒加熱する。

10分でトマトカレー

＊作った日＊ 　　月　　日　　　＊がんばり度（色をぬろう）＊

＊作った感想＊ ☆ ☆ ☆

＊いっしょに食べた人の感想＊

材料(2人分)

トマト	大2個
たまねぎ	1/4 個
カレールウ	1かけ

★キャロットライスといっしょに食べるとおいしいよ！

ほうれん草のおひたし

作り方

1 ほうれん草をゆでる。

😊 ゆで方は 7 ページを見てね。

2 水気(みずけ)をしぼり、3cm の長さに切る。

3 切ったほうれん草をボウルに入れて、しょうゆをかけて和(あ)える。

4 お皿に盛(も)りつけ、かつおぶしをのせる。

朝ごはん!

材料(ざいりょう)(1 人分)

ほうれん草　1/2束(たば)	しょうゆ　小さじ1/2
	かつおぶし　少々

作った日　　　　月　　　日
作った感想

がんばり度（色をぬろう）
☆ ☆ ☆

いっしょに食べた人の感想

作り方

1 ●を混(ま)ぜて、田楽(でんがく)みそを作る。

2 なすを輪切(わぎ)りにする。

3 フライパンに油をひき、なすの両面を焼(や)く。

4 お皿に盛(も)り、田楽(でんがく)みそをぬる。

なすの田楽(でんがく)

朝ごはん!

作った日　　　　月　　　日
作った感想

がんばり度（色をぬろう）
☆ ☆ ☆

いっしょに食べた人の感想

材料(ざいりょう)(2 人分)

●	みそ	大さじ1	なす	1本
	砂糖(さとう)	大さじ1	油	大さじ1/2
	みりん	小さじ1		

道徳

わくわく クッキングBOOK

ロールサンド

朝ごはん！

材料（2人分）

ツナ	1/2 かん	食パン（サンドイッチ用）	4枚
マヨネーズ	大さじ1	マーガリン	小さじ1
ゆで卵	1個		
マヨネーズ	大さじ1		

他の具でもおいしくできるよ！
★ハムとチーズ
★りんごジャム（レシピは下を見てね！）

作り方

1 ツナは油をよくきり、マヨネーズとよく混ぜ合わせる。

2 ゆで卵は、つぶして、マヨネーズとよく混ぜ合わせる。

 ゆで卵の作り方は20ページを見てね。

3 ラップの上に耳を切った食パンを置き、マーガリンをぬる。

4 1をのせて、はしからくるくると巻いて、ラップでつつむ
2も同じようにする。

5 切って、お皿に盛りつける。

＊作った日＊　　　月　　　日　　　＊がんばり度（色をぬろう）＊
＊作った感想＊
☆☆☆

＊いっしょに食べた人の感想＊

りんごジャム

朝ごはん！

材料（小さなびん1つ分）

りんご	1個
レモン汁	大さじ1
砂糖	50g

作り方

1 りんごを4等分のくし形に切り、しんをとって皮をむき、うす切りにする。

2 たい熱ボウルに切ったりんごを入れ、レモン汁をかけて、砂糖をまぶす。

3 ラップをかけて、電子レンジに入れて10～15分加熱する。時々レンジから取り出して、スプーンでかき混ぜる（熱いので注意しよう）。

4 りんごがきれいな黄色になったら、できあがり。

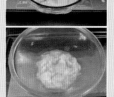

＊作った日＊　　　月　　　日　　　＊がんばり度（色をぬろう）＊
＊作った感想＊
☆☆☆

＊いっしょに食べた人の感想＊

道徳

わくわく クッキングBOOK

作り方

1 白玉粉に水を少しずつ入れ、耳たぶくらいのかたさになるまでこねる。

2 1を手で丸めてだんごを作る。だんごの中央を指でおして、平らにする。

3 別のボウルに冷水を用意する。

4 なべに湯をわかし、ふっとうしたら、2のだんごを入れる。

5 水面にだんごがういてきたら、おたまですくいとり、3の冷水にとって冷ます。

6 お皿に盛りつけ、きなこやあんこ等をトッピングする。

白玉だんご

材料(2人分)

白玉粉	100g	〈トッピング 〉
水	約80mL	あんこ
砂糖	大さじ1	┐混ぜ合わ
きなこ	小さじ1/2	┘せておく

アイスクリームをトッピングしてもおいしいよ！

* 作った日 *　　　月　　日
* がんばり度（色をぬろう）*
☆☆☆

* 作った感想 *

* いっしょに食べた人の感想 *

道徳

ちょっとの工夫で料理のいろどりや見た目がきれいになって、楽しいね。
家族にも喜んでもらえて、大成功！

最近は、観光などで海外の人がたくさん日本に来ているから、
日本の料理やマナーを英語でも伝えられたらいいな。
他の国には、どんなおいしい料理があるのか知りたいなぁ。

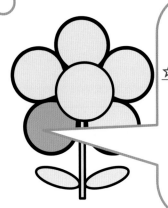

次のページから
「世界の食べ物を知ろう」
がはじまるよ！

☆学びの目標☆

・いろいろな国の料理や文化を知ろう。
・食べ物や料理に関する言葉を英語で言ってみよう。
・世界のいろいろな料理を作ってみよう。

Let's express in English!
（英語で表現してみよう！）

24 Let's express in English!
(英語で表現してみよう！)

食べ物を食べた感想を、英語で表現してみましょう。
英語で「おいしい！」と言う時は、

It's yummy！（これ、おいしい！） と言います。

*Yummy もしくは Delicious＝おいしい

「おいしい」など、味の感想以外に、食べた時の食感（texture）についても、
思ったことを言えるとよいですね。

☆ 下の食べ物の絵と、それぞれにあてはまる味や食感を表す言葉を選んで、
線でつなぎましょう。

Salty
（しょっぱい）

Sweet
（あまい）

Bitter
（苦い）

Sour
（すっぱい）

Spicy
または**Hot**
（からい）

Potato chips

Green pepper
または
Bell pepper

Ice cream

Lemon

Tandoori Chicken

Juicy
（みずみずしい、
果汁が多い）

Crispy
（パリパリ、カリカリ、
サクサクした歯ごたえ）

Creamy
（なめらか、
クリームのよう）

Crunchy
（シャキシャキ、ポリポリ、
パリパリした歯ごたえ）

Tender
（やわらかい、
かみやすい）

外国語活動

わくわく クッキングBOOK

25 いろいろな国の料理

スペイン

パエリア（米）

フランス

キッシュ（卵<rt>たまご</rt>）

ロシア

ピロシキ（小麦粉<rt>こむぎこ</rt>）

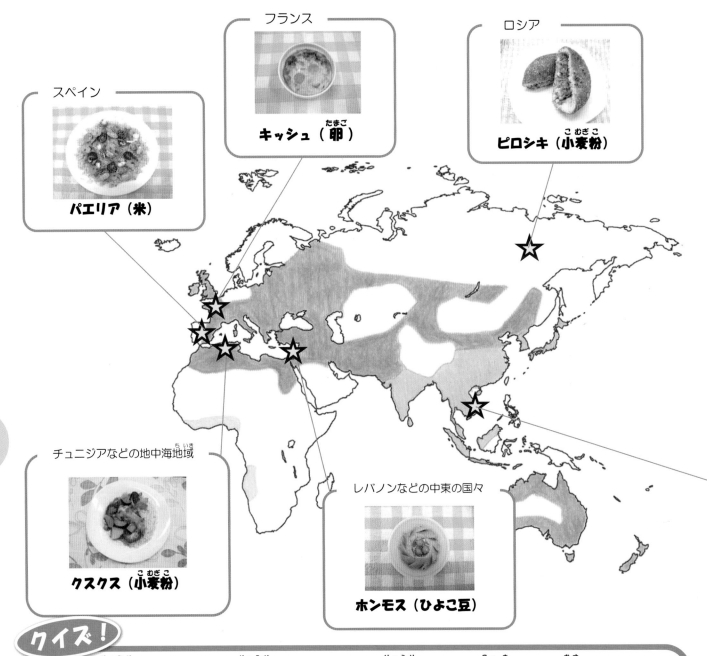

チュニジアなどの地中海地域<rt>ちいき</rt>

クスクス（小麦粉<rt>こむぎこ</rt>）

レバノンなどの中東の国々

ホンモス（ひよこ豆）

クイズ！

これらの料理<rt>りょうり</rt>は、どこの国の料理<rt>りょうり</rt>か分かるかな？料理<rt>りょうり</rt>の名前と国旗<rt>こっき</rt>を線で結<rt>むす</rt>んでみよう。

トムヤムクン	ザワークラウト	ダール	フィッシュアンドチップス	サムギョプサル
（エビが入ったからくて すっぱいスープ）	（きゃべつのつけもの）	（豆が入った カレー）	（白身魚のフライとフライドポテト）	（豚バラ肉<rt>ぶた</rt>の焼<rt>や</rt>き肉）
・	・	・	・	・
・	・	・	・	・

イギリス

ドイツ

タイ

韓国<rt>かんこく</rt>

インド

外国語活動

わくわく クッキングBOOK

「小麦、とうもろこし、米」の3つは『三大穀物』と呼ばれています。

ピンク の地域では「小麦」、 きいろ の地域では「とうもろこし」、 みどり の地域では「米」が主食としてよく食べられています。

三大穀物の他にも、世界では「いも」や「豆」を主食にする地域もあります。
ここでは、いろいろな国の食べ物をしょうかいします。

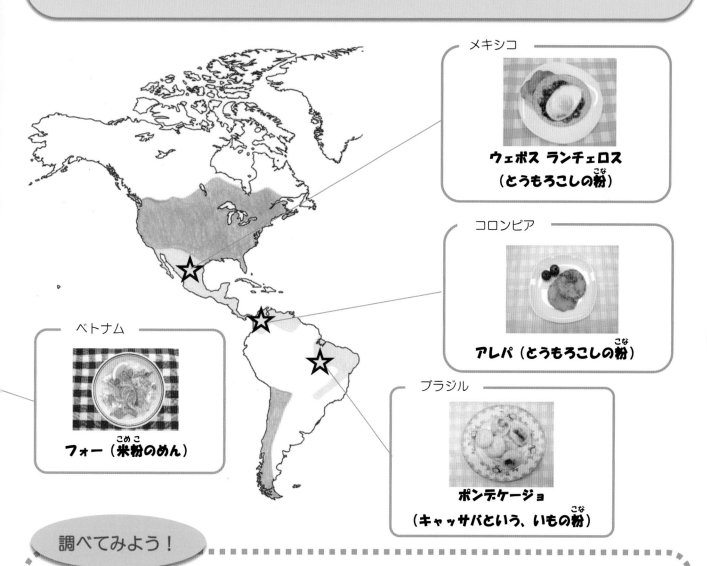

メキシコ

ウェボス ランチェロス
（とうもろこしの粉）

コロンビア

アレパ（とうもろこしの粉）

ブラジル

ポンデケージョ
（キャッサバという、いもの粉）

ベトナム

フォー（米粉のめん）

調べてみよう！

世界には、他にもさまざまな料理があります。行ってみたい国の料理を調べてみよう。

26 世界と日本の食事マナー

日本では、はしを使って食事をしますが、はしを使わない国や地域もたくさんあります。正しいマナーを覚えて、楽しく食事をしよう！

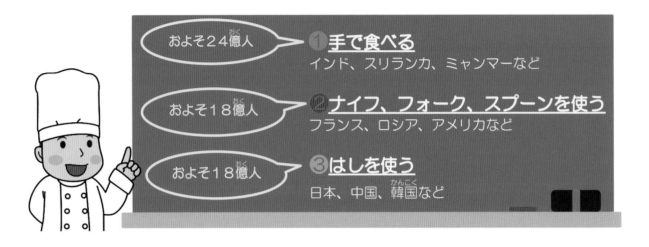

- およそ24億人 → ❶**手で食べる**
  インド、スリランカ、ミャンマーなど
- およそ18億人 → ❷**ナイフ、フォーク、スプーンを使う**
  フランス、ロシア、アメリカなど
- およそ18億人 → ❸**はしを使う**
  日本、中国、韓国など

❶手で食べる

右手の親指と人さし指、中指の3本の指先を使うのがよい食べ方とされています。左手で食べないのがマナーです。大きなタール（おぼん）にのった何種類かのカレーとご飯を混ぜて食べます。食器は金属製のものを使います。

インド料理で使う食器

カトリ（小皿）
インドグラス
タール（おぼん）

❷ナイフ、フォーク、スプーンを使う

テーブルには、はじめから必要なナイフやフォーク、スプーンが並べられています。外側から順番に使いましょう。音を立てて食べるのは、マナーいはんになるので気をつけましょう。

フランス料理で使う食器

パン皿
デザート用
スープ用

中華料理で使う食器

❸ はしを使う

　中華料理は一品ずつ大皿に盛られて出てきます。自分が食べる分を小皿や、とり皿に取り分けましょう。

　はしとちりれんげを使って食べます。

　はしは、食前、食中はたてに置き、食後は横に置くのがマナーとされています。

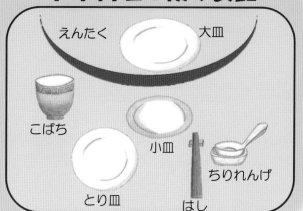

えんたく　大皿　こばち　小皿　ちりれんげ　とり皿　はし

日本料理で使う食器

❸ はしを使う

　外国とはちがって、日本では汁わんに直接口をつけて食べます。茶わんを左手に持って食べるので、茶わんは左手前に置きます。魚などの主菜は皿を持ち上げずに食べるので、右奥に置きます。

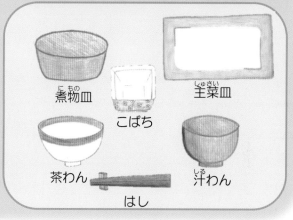

煮物皿　こばち　主菜皿　茶わん　はし　汁わん

おはしのはなし

　中国や韓国では、日本と同じようにはしを使いますが、汁物は器を食卓に置いたまま、スプーンやれんげを使って食べます。また、はしの形やはしの材料はそれぞれちがいます。

?? クイズ　下の絵のはしは、それぞれどの国のものでしょう？線で結んでみよう！

木でできている

木、プラスチックでできている
先が細くなっていない

金属でできている

・　　　　　・　　　　　・

・　　　　　・　　　　　・

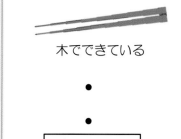
韓国

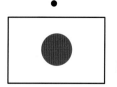
日本

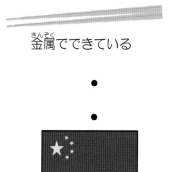
中国

27 日本の行事食

日本にはいろいろな行事食があるよ。
○○○○○の中に行事食の料理名を書こう。

人日（１月）

ななくさがゆ

七日の朝に七草が入ったかゆを食べて、一年間、病気にかからないよう願う風習です。
中国から日本に伝わり、定着しました。

春の七草

① え○○○○

その年の「えほう（えんぎのよい方角）」を向いて、願い事をしながら、丸かじりします。

＜豆まき＞

豆には、まよけの力があるといわれます。そのため、豆をまくことで、オニがにげていくと信じられています。また、自分の年の数だけ豆を食べると、一年元気に過ごせるといわれています。

節分（２月）

桃の節句（３月）

② ち○○○○

す飯にしいたけやかんぴょうを混ぜたり、焼いた卵をのせたりしたおすしのことです。「バラずし」「祭りずし」など、呼び名は地方によってちがいます。

＜ひしもち＞

ひし形をしたもちで、緑、白、ピンクの色は、それぞれ「健康」、「清らかさ」、「まよけ」の意味があります。

端午の節句（5月）

③ ◯◯◯◯もち

　かしわの葉は、秋にかれても、春までなかなか落ちないことから、「家族がずっと続いていきますように」という願いがこめられています。

　日本で古くから食べられているおかしです。

④ ◯◯◯だんご

　だんごやすすきなどのお供えものは、えんがわやベランダなどにかざります。外の空気に当てて、夜つゆのついたものを食べると、長生きするといわれています。

十五夜（9月）

冬至（12月）

かぼちゃ

　冬至は一年で一番昼が短い日で、その日に栄養のあるかぼちゃを食べて、寒い冬に備えるという昔の人のちえです。

＜ゆず湯＞

　冬至の日にゆずを入れた風呂にはいるとかぜをひかないといわれています。

28 世界の行事食 ～正月とクリスマス～

正月

春節（チュンジエ）～中国の正月～

中国の正月は、毎年こよみで日がちがいます。神様をにぎやかにむかえるために爆竹をならします。遠くにいる家族や親せきも集まります。

ソンクラーン ～タイの正月～

毎年、4月の半ばごろがタイの正月にあたります。お寺にお参りし、仏像や仏塔へ、さらに家族の年長者などの手に水をかけてお清めをします。

ぎょうざ

中国の北部では、正月に家族でいっしょにぎょうざを作って食べます。ぎょうざは昔のお金の形に似ていることから、えんぎがいいとされています。

カオチェー

タイでは、正月のころが1年で一番暑いため、冷たいお茶づけのような料理が食べられています。タイ米（ジャスミンの花でかおりづけした米）に水と氷をかけていただきます。

クリスマス

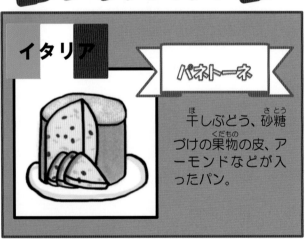

イタリア — パネトーネ

干しぶどう、砂糖づけの果物の皮、アーモンドなどが入ったパン。

ドイツ — シュトーレン

パン生地に干しぶどうなどのドライフルーツや、木の実を混ぜて焼き、砂糖をふりかけたケーキ。

イギリス — クリスマスプディング

ドライフルーツやナッツ、香辛料などの入った生地を熟成させ、蒸して作ったプディング。

フランス — ブッシュ・ド・ノエル

「クリスマスの薪」という意味で、ロールケーキを薪の形にデコレーションしたケーキ。

外国語活動

わくわくクッキングBOOK

29 英語でクッキング

給食にもよく出てくる野菜の名前を英語で言えるかな？

野菜の絵と英語を線で結んでみよう。

キャベツ	トマト	たまねぎ	ピーマン	じゃがいも	にんじん
●	●	●	●	●	●

●	●	●	●	●	●
onion	potato	cabbage	carrot	tomato	green pepper

料理の方法も、英語で言えるといいね。

※読み方がわからない時は、先生や英語の先生に聞いてみてね。

料理の方法を英語で言ってみよう！ □の中から番号を選んで、（　）の中に書こう。

ア. cut	イ. boil	ウ. dish up
エ. fry	オ. roll	カ. mix

①切る →（　　　　）　②焼く・いためる→（　　　）　③ゆでる→（　　　　）

④混ぜる→（　　　）　⑤巻く→（　　　）　⑥盛りつけ→（　　　）

外国語活動

わくわくクッキングBOOK

世界の食べ物を知ろう
―外国語活動―
レシピ集

世界のいろいろな料理を
作ってみよう♪
日本の伝統料理もあるよ！

Fresh spring roll
生春巻
52 ページ

Pho
フォー
52 ページ

Sushi Roll
巻きずし
53 ページ

Udon noodle
手打ちうどん
51 ページ

Quiche
キッシュ
50 ページ

Huevos rancheros
ウェボス
ランチェロス
54 ページ

料理を始める前に、4ページ
の「料理を始める前のお約束」
を読もう！

朝ごはん！

朝食にぴったりな料理には、このマークが
ついています。朝食に作ってみよう！

2013 年、和食が無形文化遺産に登録されました。
これからは、海外の人に日本の食べ物について聞かれることも増えますね！

Quiche(キッシュ) ～フランス～

朝ごはん！

卵と野菜で栄養満点、朝食にぴったり！
本場フランスではパイ生地やタルト生地に入れて焼き上げるよ！

作り方

1 ピーマン、たまねぎはみじん切り、
ウインナーは 5mm の輪切りにする。

2 ボウルに卵を割り入れ、**1**とマヨ
ネーズ、塩、牛乳を入れて混ぜる。

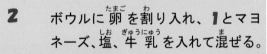

mix

3 ココットにバター（マーガリン）を
ぬり、**2**を流し入れる。
ココットがなければ、深さのある
小さめの器に入れよう。

4 アルミホイルをかぶせて、
トースターで 10 分焼く。

材料(2人分)

ピーマン	1/4個	卵		1個
たまねぎ	1/8個	マヨネーズ		大さじ 1/2
ウインナー	1本	塩		ひとつまみ
牛乳	50 cc	バター（マーガリン）		少々

作った日　　　月　　日

作った感想

いっしょに食べた人の感想

がんばり度（色をぬろう）

☆ ☆ ☆

外国語活動

わくわく クッキングBOOK

小麦粉から作ってみよう！

作り方

1　手をよく洗っておく。

2　塩を水にとかし、塩水を作る。

3　ボウルに、中力粉を入れて、塩水を少しずつ 3 回に分けて入れ、しっかりこねる（こねたものを「生地」と呼びます）。

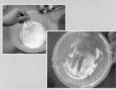

4　生地がもちもちしてきたら、丸めてラップに包んで 30 分間冷蔵庫に入れておく（「ねかせる」と言います）。

5　生地を 2 つに分ける。
清潔なビニールを広げ、打ち粉をして生地を置き、めんぼうでのばす。
2～3mm くらいの厚さになるまでのばす。

6　生地の上に打ち粉をして 3 つに折る。

折る

7　まな板の上に6を置き、生地のはしから 3mm の細さに切る。切っためんをほぐしたら、打ち粉をふり、くっつかないようにしておく。
もうひとつの生地も同じようにする。

boil

8　ふっとうしたお湯で 15 分間ゆでる。

9　ざるにあげて、流水でめんのぬめりをとったら、できあがり！

ゆでたてのめんは熱いから気をつけよう！

※あたたかいうどんだしをかけて食べても、めんを氷水で冷やして、めんつゆにつけてざるうどんとして食べてもおいしいよ！

材料(1人分)

塩	小さじ 1/2
水	50g
中力粉	100g
打ち粉（中力粉）	約15～20g

中力粉をはく力粉に変えてもできるよ。

おいしく作るためのポイント！！

★こねるのはかたくて大変かもしれないけど、がんばってこねると、その分おいしくなるよ！

★めんはゆでると太くなるので、細めに切ってね！

＊作った日＊　　月　　日

＊がんばり度（色をぬろう）＊
☆　☆　☆

＊作った感想＊

＊いっしょに食べた人の感想＊

外国語活動

わくわく クッキングBOOK

Fresh spring roll（生春巻）〜ベトナム〜 ★

ドレッシングを
つけて食べよう！

米粉の皮で野菜などを包んだ料理。
サラダ感覚で食べられるよ。

材料（1人分）

リーフレタス	2枚	ささみ	1/2本
もやし	1/5ふくろ	生春巻の皮	2枚
ツナ	1/2かん	ドレッシング	大さじ1

作り方

1　レタスは洗って手でちぎる。もやし
は洗って、なべにふっとうさせた湯
でさっとゆで、ざるにあげ、半分の
長さに切る。
ツナは油をよく切る。

ささみは、ゆでて、冷めたら手でほ
ぐす。

cut

2　生春巻の皮を水で、両面ともぬらす。
ぬらしすぎると、やわらかくなりす
ぎて破れるので気をつけよう。
※きりふきでしめらせても、いいよ。

3　1を皮の真ん中にのせ、左右の皮を
折りまげて、手前からくるくると巻
く。※ぬれたキッチンペーパーの上で
やると、皮がかわきにくいよ！

＊作った日＊　　月　　日
＊作った感想＊

＊がんばり度（色をぬろう）＊
☆ ☆ ☆

＊いっしょに食べた人の感想＊

作り方

1　ボウルに入れたぬるま湯（おふろのお
湯くらいの温度）でフォー（かんそう）
を15分間もどす。

2　もやしを洗う。むらさきたまねぎはう
す切りにし、たっぷりの水にさらす。
三つ葉は洗って、2cm長さに切る。レ
モンは洗って、くし形に切る。
ささみはひと口大に切る。

3　なべに水、とりがらスープの素、切っ
たささみを入れ、加熱する。あくを取
り、塩・こしょうで味をつける。

4　3に1を入れ、3分間加熱する。
さらに、もやしを入れて1分間ゆでる。

5　器に4を入れ、切った三つ葉とむらさ
きたまねぎ、白ごま、くし形のレモン
を盛りつける。

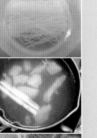

dish up

Pho（フォー）〜ベトナム〜 ★

米粉から作られためんを使った料理。
あっさりとしておいしいよ。

材料（1人分）

フォー（かんそう）	50g	ささみ	1本
もやし	1/4ふくろ	水	400mL
むらさきたまねぎ	1/8個	とりがらスープの素	小さじ1と1/2
三つ葉	2本	塩・こしょう	少々
レモン	1切れ	白ごま	少々

＊作った日＊　　月　　日
＊作った感想＊

＊がんばり度（色をぬろう）＊
☆ ☆ ☆

＊いっしょに食べた人の感想＊

外国語活動

わくわくクッキングBOOK

日本の伝統料理を作ってみよう！

作り方

1　●を合わせてよくかき混ぜる。

2　たきたてのご飯に**1**を少しずつかけ、しゃもじでごはんを切るように混ぜる（これを「すしめし」と呼ぶ）。

3　きゅうりは洗って、たて4等分に切る。かに風味かまぼこは、セロハンをはがしておく。
　卵はといて◎で味つけし、卵焼きをつくる。冷めたら、たて4等分に切る。

4　まきすにのりを置き、茶わん1ぱい分のすしめしを広げる。このとき上の方にはごはんをのせずに、少し空けておく。

5　すしめしの真ん中に**3**の具を並べる。

6　具が動かないようしっかりおさえながら、のりのはしを残して巻く。

roll

7　まきすを一度広げる。

8　まきすをかぶせるようにして、もう一度巻いていく。

9　**8**を横から見たところ。　⇒

10　最後に軽くにぎり、形を整える。

11　できあがり。

食べやすい大きさに切るときは、水でぬらした包丁を使うときれいに切れるよ！

巻きずし(Sushi Roll)〜日本〜

あける

材料（4本分）

●				
す	大さじ2	きゅうり	1本
砂糖	小さじ2	かに風味かまぼこ（かにかま）	12本
塩	小さじ1/2	卵	2個
ご飯	2合分	◎ 砂糖	小さじ1
		塩	小さじ1/4
		のり	4枚

のりやレタスで巻いて、手巻きずしにもできるよ♪

＊作った日＊　　　月　　　日

＊がんばり度（色をぬろう）

☆ ☆ ☆

＊作った感想＊

＊いっしょに食べた人の感想＊

外国語活動

わくわく クッキングBOOK

作り方

1 ピーマン、たまねぎをみじん切りにする。

😊 みじん切りは、8ページを見てね。

2 ●と**1**を混ぜて、サルサソースを作る。

3 フライパンにサラダ油を入れ、トルティーヤの両面を焼く。焼けたら、お皿にのせる。

fry

4 目玉焼きを作る。

5 焼いたトルティーヤの上に、**2**のサルサソースをのせる。その上に目玉焼きをのせれば、できあがり。

Huevos rancheros（ウェボスランチェロス）
〜メキシコ〜

朝ごはん！

トルティーヤをクレープ状に包んで、手でもって食べよう！

メキシコでよく食べられている朝食料理♪

作った日 　月　日

作った感想

いっしょに食べた人の感想

がんばり度（色をぬろう）
☆☆☆

材料（1人分）

ピーマン	1/4個	サラダ油	小さじ 1/2
たまねぎ	1/8個	トルティーヤ	1枚
┌ カットトマトかん	1/4かん	卵	1個
● ケチャップ	大さじ 1/2		
└ スイートチリソース	大さじ 1/2		

世界ではいろいろな料理が食べられていることが分かったね。
お正月やクリスマスに食べる料理、使う食器や食事のマナーも
国によってちがいがあるなんて知らなかったなぁ。
次は、バランスのよい食事、バランスのよい朝食について学んでみよう！

次のページから
「食生活のリズムと
食事のバランスで元気になろう」
が始まるよ！

☆**学びの目標**☆
・主食、主菜、副菜について学ぼう。
・バランスのよい食事を考えて料理をしてみよう。

バランスよく食べよう

外国語活動

わくわく クッキングBOOK

「バランスのよい食事」って、どんな食事かな？
主食・主菜・副菜がそろうと、「バランスのよい食事」になるよ！

主食 主食は、ごはんやパン、めん類のことです。
主食は、**体を動かすエネルギーのもとになります。**

主菜 主菜は、おかずの中心のことで、肉・魚・卵・大豆製品の料理です。
主菜には、**体をつくるもとになる食品が入っています。**

副菜 副菜は、主食と主菜でたりない野菜・きのこ・海そうが中心のおかずです。
副菜には、**体の調子を整えるもとになる食品が入っています。**

▼下の写真を見てみよう。どの料理が「主食」「主菜」「副菜」かわかるかな？

①〜⑥の □ の中に書いてみよう。（ヒント：黄、赤、緑）

★ほうれん草のおひたし
・ごぼうサラダ
★みそ汁

①

★ちゃんちゃん焼き

②

★野菜サラダ

④

★ゆで卵
・ウインナー

⑤

牛乳には、骨を強くするカルシウムがいっぱい！毎日飲もう！

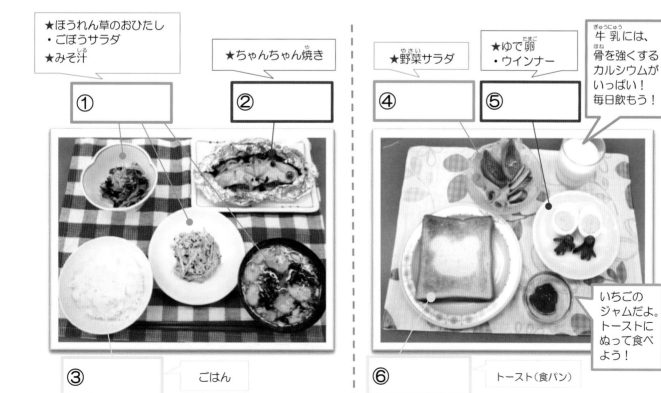

③　ごはん

⑥　トースト（食パン）

いちごのジャムだよ。トーストにぬって食べよう！

★マークの料理は、この本にレシピがのっているよ。

保健・家庭科

わくわく クッキングBOOK

ぬけている絵をうめて、バランスのよい食事にしよう！
前のページで学んだことを思い出して、選んだ絵の番号を（　　　）に書こう！

（①　　　　　）
かぼちゃの煮物
ごはん
みそ汁
キウイフルーツ

ヒント：「主菜」がたりないね。

（1）おこのみ焼き

（2）焼き魚

（3）トマト

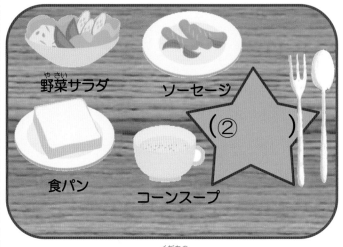

野菜サラダ
ソーセージ
（②　　　　　）
食パン
コーンスープ

ヒント：朝食に果物を食べよう。

（1）ケーキ

（2）りんご

（3）フライドポテト

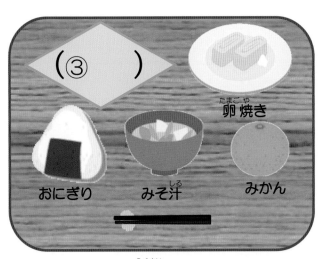

（③　　　　　）
卵焼き
おにぎり
みそ汁
みかん

ヒント：「副菜」がたりないね。

（1）ハンバーガー

（2）ほうれん草のおひたし

（3）たこ焼き

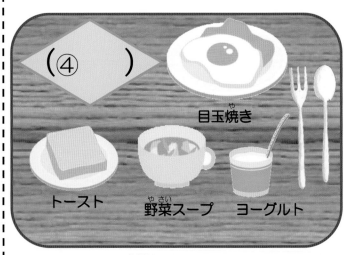

（④　　　　　）
目玉焼き
トースト
野菜スープ
ヨーグルト

ヒント：「副菜」がたりないね。

（1）にんじんのバター煮

（2）ハンバーグ

（3）チョコレート

保健・家庭科

わくわくクッキングBOOK

32 ぼく・わたしの 朝食チェック！

早起きして朝食をしっかり食べると、1日を元気に過ごせるよ！
自分の朝食をチェックしてみよう！

あなたは何番に
当てはまるかな？

（　　）

毎日朝食を食べている。

はい ← → **いいえ**

早起き…
家を出発する1時間前
に起きることを目安に
しよう！

朝食を残さないで
食べている。

朝食を食べることは
大事だと思う。

いいえ

はい **いいえ** **はい**

主食（ご飯・パン・めん）
だけではなく、他の食べ物も
食べる。

朝、食欲がある。

はい **いいえ** **はい** **いいえ** **いいえ**

1
よい朝食
です！
主菜、副菜、果物、
牛乳・乳製品も
食べて、さらにバラ
ンスのよい朝食を
目指しましょう！

2
早寝早起きをして、
バランスの良い朝食
を食べよう！
夜おそくまで起きていませ
んか？早寝早起きをして、主
食の他にもう一品食べるよう
にしましょう！

3
きそく正しい
生活をしよう！
夜おそくに夕食を食
べたり、間食をしてい
ませんか？
きそく正しい生活を
して朝食をしっかり食
べましょう！

4
朝食は体を
目覚めさせる
スイッチです！
朝食を食べないとエネ
ルギーが不足して運動や
勉強に力が入りません。
早寝早起きをして朝食
を食べましょう！

保健・家庭科

わくわく クッキングBOOK

33 朝食大変身！

明日から、みんなの朝食を変身させてみよう！

朝食に料理をたしてみよう!!

おにぎりだけ 　　おにぎりだけ　　ごはんだけ

下の料理をたしてみよう！
いくつでも増やしていいよ。

★なすの田楽	卵料理	★きゅうりのすの物	★みそ汁	果物

かしパンとヨーグルトだけ 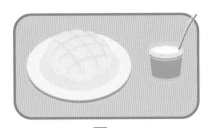　　　パンとオレンジジュースだけ

全部たしてもいいよ！　　　　全部たしてもいいよ！

ソーセージ	★フレッシュサラダ	果物	卵料理	★フレッシュサラダ	ヨーグルト

★マークの料理は、この本にレシピがのっているよ。

保健・家庭科

わくわく クッキングBOOK

34 すてきな朝食！！

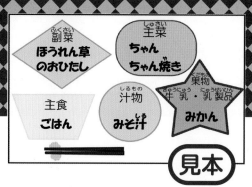

見本

朝食のメニューを2種類（しゅるい）考えてみよう！
右の見本のように、下の図の中にメニューを書こう！

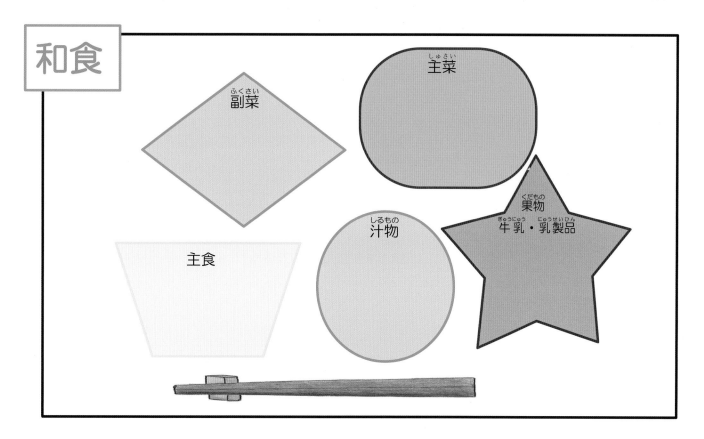

和食

副菜（ふくさい）
主菜（しゅさい）
主食
汁物（しるもの）
果物（くだもの）
牛乳・乳製品（ぎゅうにゅう・にゅうせいひん）

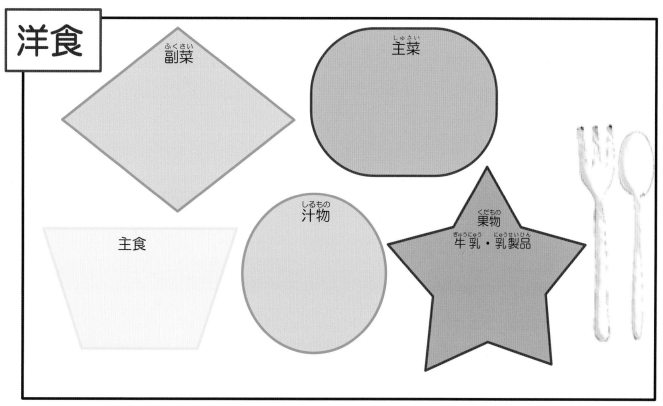

洋食

副菜（ふくさい）
主菜（しゅさい）
主食
汁物（しるもの）
果物（くだもの）
牛乳・乳製品（ぎゅうにゅう・にゅうせいひん）

保健・家庭科

わくわく　クッキングBOOK

35 バランス弁当を作ろう

お弁当作りでは、お弁当箱の半分に主食、残り半分の1／3に主菜、2／3に副菜をつめるのが理想です。バランスを考え、おいしくてきれいなお弁当を作りましょう。

【例】
白ご飯

たきこみご飯にしたり、ふりかけやうめぼしをのせてもいいですね！

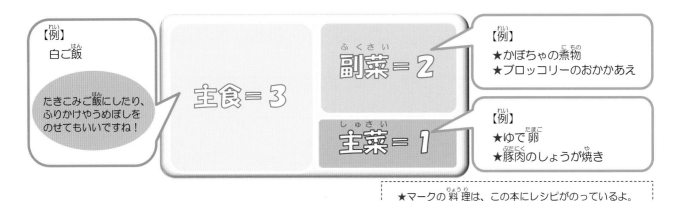

主食＝3

副菜＝2

主菜＝1

【例】
★かぼちゃの煮物
★ブロッコリーのおかかあえ

【例】
★ゆで卵
★豚肉のしょうが焼き

★マークの料理は、この本にレシピがのっているよ。

＊＊味つけのヒント＊＊　いろんな味を組み合わせてみよう！

塩味	しょうゆ、塩、みそで味つけした料理
すっぱい味	す、レモン汁を使った料理
あまい味	砂糖、みりんで味つけした料理
ピリから味	香辛料などを使った料理

＊＊お弁当箱につめるときのポイント＊＊

防ごう食中毒！！
菌をつけない！
やっつける！ふやさない！

1 まずは手をしっかり洗う。

2 ごはんをつめる。おかずをつめるまでにごはんを冷ます。

3 おかずをつくる。お弁当に入れる食材は生のままで使用せず、十分に加熱する。

4 できあがったら、大きなおかずから順番につめる。

おかずは、お弁当ケースやしきりを使って、おかず同士がくっつかないようにしよう！

5 空いたところに小さなおかずをつめる。

6 すきまにゆでたブロッコリーなどをつめて、料理が動かないようにする。

7 全てのおかずが冷めたらふたをする。

手作りつくだ煮をつくってみよう！　ごはんのお供にぴったり！お弁当に入れよう！

【材料】
・だしをとった煮干し　60g
●・しょうゆ　大さじ1
　・さとう　大さじ1
　・みりん　大さじ1
　・ごま　小さじ1

😊 煮干しだしの取り方は、22ページにのっているよ。

【作り方】
① 煮干しをフライパンに入れて火にかけ、パリッとするまでいためる。

② 一度煮干しを取り出し、フライパンに●を入れて弱火で軽く煮つめる。

③ 煮干しをフライパンにもどして、水分がなくなるまで煮る。

④ 最後にごまを入れて混ぜる。

食生活のリズムと
食事のバランスで元気になろう
―保健・家庭科―

レシピ集
パパッと作れる副菜料理
を作ってみよう♪

にんじんの
バター煮
61 ページ

きゅうりの
すの物
62 ページ

かぼちゃの
煮物
63 ページ

キャベツの
カレーマヨ
いため
62 ページ

ブロッコリー
のおかかあえ
63 ページ

料理を始める前に、4ページ
の「料理を始める前のお約束」
を読もう！

朝ごはん!

朝食にぴったりな料理には、このマークが
ついています。朝食に作ってみよう！

にんじんのバター煮

朝ごはん!

作り方

1 にんじんの皮をむいて、輪切りにする。

2 なべににんじんを入れ、にんじんがか
ぶるくらいの水を入れる。

3 バター、砂糖、塩を加えて、弱火で煮る。
やわらかくなったか味見しよう。

4 汁がなくなるまで煮たら、できあがり。

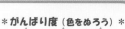

材料（2人分）

にんじん	1/4本	砂糖	小さじ1
バター	小さじ1	塩	少々

＊作った日＊　　　月　　　日

＊作った感想＊

＊がんばり度（色をぬろう）＊
☆☆☆

＊いっしょに食べた人の感想＊

保健・家庭科

わくわく クッキングBOOK

きゅうりのすの物

作り方

1 かんそうわかめを水でもどす。

2 きゅうりを洗って、小口切りにする。塩をふって軽くもむ。

3 しばらくすると、水分が出てくるので、水気をしっかりしぼる。

4 1のわかめの水気をよくしぼる。大きければ、食べやすい大きさに切る。

5 ●をあわせておく。ボウルにきゅうりとわかめを入れる。●を加えて混ぜればできあがり。

材料(1人分)

かんそうわかめ	ひとつまみ	●	す	大さじ1/2
きゅうり	1/2本		しょうゆ	小さじ1/2
塩	少々		砂糖	小さじ1/2

作った日 　月　　日　　　　　*がんばり度（色をぬろう）*

作った感想

☆ ☆ ☆

いっしょに食べた人の感想

保健・家庭科

わくわく クッキングBOOK

作り方

1 キャベツを洗って、千切りにする。

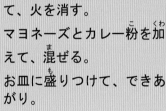
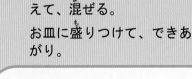

2 フライパンに油を入れて、千切りにしたキャベツを入れる。
しんなりするまでいためて、火を消す。

3 マヨネーズとカレー粉を加えて、混ぜる。
お皿に盛りつけて、できあがり。

キャベツのカレーマヨいため

作った日 　月　　日　　　　*がんばり度（色をぬろう）*

作った感想

☆ ☆ ☆

いっしょに食べた人の感想

材料(1人分)

キャベツ	2枚	マヨネーズ	小さじ1/2
油	小さじ1	カレー粉	小さじ1/4

かぼちゃの煮物

朝ごはん！

作り方

1 かぼちゃは種とわたを取って、食べやすい大きさに切る。

⚠ かぼちゃはかたいので、手を切らないように気をつけよう！

2 電子レンジで2分加熱してやわらかくする。

3 なべにかぼちゃ（皮を下にして）を並べ、だし、みりん、砂糖を加えて火にかける。

4 ふっとうしたら、落としぶたをして、中火で5分間煮る。

5 しょうゆを加え、また落としぶたをする。汁が少なくなるまで煮て、できあがり。

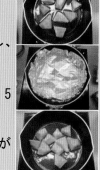

材料（2人分）

かぼちゃ	1/4個	みりん	大さじ1
だし	150mL	砂糖	大さじ1
		しょうゆ	小さじ1

😊 作り方は22ページに書いてあるよ！

作った日 　　月　　日
作った感想

がんばり度（色をぬろう）
☆ ☆ ☆

いっしょに食べた人の感想

作り方

1 ブロッコリーは食べやすい大きさに分ける。

2 1のブロッコリーにラップをかけ電子レンジで加熱する。（500Wで約1分）

3 しょうゆとだしを2にかけてよく混ぜ、かつおぶしと合わせてできあがり。

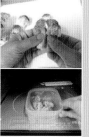

ブロッコリーのおかかあえ

作った日 　　月　　日
作った感想

がんばり度（色をぬろう）
☆ ☆ ☆

いっしょに食べた人の感想

材料（1人分）

ブロッコリー	小房2個(20g)
しょうゆ	小さじ1
だし	小さじ1
かつおぶし	少々

主食、主菜、副菜、果物、牛乳・乳製品がそろうと食事のバランスがよくなることが分かったね。これからは、野菜も果物もちゃんと食べようと思います！

食べ物や料理のことについてたくさん学んだから、もっとおいしい朝食を作れるようになったよ。

お休みの日の昼食や夕食作りのお手伝いもがんばりたいなぁ。

料理って、とても楽しいよ！あなたもどんどんチャレンジしてみてね。

保健・家庭科

わくわく クッキングBOOK

料理一覧表

お気に入りの料理はどれかな？

社会科

フレッシュサラダ	まるごとたまねぎ	焼きそば	ちゃんちゃん焼き	豚肉のしょうが焼き
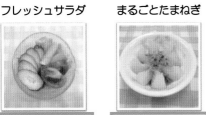				
16 ページ	17 ページ	17 ページ	18 ページ	18 ページ

理科

みそ汁	仲良し親子のゆで卵	りんごアイス	フルーツサラダ	

25 ページ	27 ページ	27 ページ	28 ページ	

道徳

やさいパンケーキ	キャロットライス	10分でトマトカレー	ほうれん草のおひたし	

36 ページ	37 ページ	37 ページ	38 ページ	

なすの田楽	ロールサンド	りんごジャム	白玉だんご	

38 ページ	39 ページ	39 ページ	40 ページ	

外国語活動

キッシュ	手打ちうどん	生春巻	フォー	巻きずし	ウェボスランチェロス

50 ページ	51 ページ	52 ページ	52 ページ	53 ページ	54 ページ

保健・家庭科

にんじんのバター煮	きゅうりのすの物	キャベツのカレーマヨいため	かぼちゃの煮物	ブロッコリーのおかかあえ

61 ページ	62 ページ	62 ページ	63 ページ	63 ページ

社会科 理科 道徳 外国語活動 保健・家庭科

わくわくクッキングBOOK